CREANDO UNA COMUNIDAD

Guía paso a paso

LUCIA BUSTAMANTE

Para Marco, Marta, Ernesto, Melisa y Luna.

Contenidos

I. Introducción

¿Por qué este libro? 11

Sobre la autora 15

II. La Comunidad como concepto

¿Qué es una Comunidad? 20

Online vs. Offline 22

¿Por qué las personas vibran mejor en Comunidad? 25

III. Construyendo una comunidad

¿Por qué tu, tu empresa o el mundo necesitan una Comunidad? 30

Misión y visión 32

Definiendo el perfil de los seguidores 35

¿Qué ofrece la Comunidad a sus miembros? 42

Cómo involucrar a los miembros de la Comunidad 44

Incorporación de nuevos miembros: Onboarding 46

El equipo detrás (y delante) de la Comunidad 49

Identificar Stakeholders 51

Identificar la plataforma adecuada 54

IV. El futuro

La planificación es clave 60

¿Cómo se mantiene una Comunidad? ¿Se "Termina" en algún momento? 62

Métricas para medir el crecimiento de la Comunidad 63

V. Caso de estudio: Mujeres IT 67

VI. Checklist 75

VII. Planner de mi Comunidad 79

I. Introducción

¿Por qué este libro?

Este libro no se enfoca en las ventajas competitivas que tiene una comunidad para un negocio, sino en las claves y los pasos para crear una comunidad de cualquier tipo y sin fines de lucro, fundada sobre una necesidad o un objetivo en común de un sector de la sociedad.

Desde siempre me ha gustado conectar con personas y conectar a personas. Sin quererlo, había adoptado el hábito o la capacidad de generar comunidades, con el fin de acercar a individuos alrededor de una temática, o de una causa que me movía el corazón, como lo fue en el pasado, visibilizar el arte de artistas emergentes dentro de la comunidad "Colectivo.uy", o conectar a freelancers locales en "Freelo", o mi mayor motor y el que me ha llevado a crear una comunidad con más de 1000 integrantes, el de trabajar en conjunto para reducir la brecha de género en tecnología en "Mujeres IT".

He brindado charlas sobre cómo crear comunidades, y he ofrecido mentorías sobre esto, y un factor que se repite, es el de no entender su necesidad. Una comunidad es un producto. Como tal surge para resolver un problema, para satisfacer una necesidad, para brindar disfrute. Entonces, ¿por qué no pensar a las comunidades como productos? ¿Por qué no aplicar a la creación de una comunidad design thinking? ¿Por qué no planificar una comunidad a futuro, como un producto escalable?

Este texto pretende ser una guía de consulta cuando estés pensando en crear un espacio social de intercambio.
Este libro te indicará las preguntas que te deberías hacer, te hará reflexionar sobre el presente y sobre el futuro. Porque una comunidad nace, vive y hasta a veces se apaga. ¿Pero cuánto tiempo vive? ¿Cómo sobrevive?

Tengo mucho que contarte, y me gustaría que cuando termines esta lectura, seas capaz de entender tu situación actual, de poder identificar el futuro que quieres crear, y que seas capaz de ejecutar un plan tú mismo.
¡Me gustaría también que puedas enseñar a otros lo que has aprendido y lo que has aplicado, y más me gustaría que compartas conmigo los resultados!

Sobre la autora

Soy Lucia Bustamante, una mujer curiosa e inquieta. Tengo un lado introvertido, el cual necesito para reencontrarme cada tanto, pero tengo también un lado extrovertido, que es el que me impulsa a hacer cosas como escribir este libro.

Tengo formación en informática y en diseño, por lo cual me considero un híbrido que navega entre lo técnico y lo creativo.

En los últimos años, me he desarrollado en la faceta de liderazgo, como Manager de diseño, llevando adelante varios equipos, en proyectos de tecnología para varias industrias. Soy mentora, y en ese acto descubrí no solo una parte de mí que no conocía, una que disfruta de motivar a otros y de conectar, pero también descubrí una fuente enorme de aprendizaje e inspiración, para la vida profesional y personal.

Conectar con personas siempre ha sido para mí una de las claves del éxito. Asumir el hecho de que no tenemos super poderes, y que muchas veces necesitamos amigos, aliados y referentes.

He construido comunidades a diferente escala, la más reciente es Mujeres IT, que hoy en día tiene más de 1000 integrantes en su Directorio, y es referente en Latinoamérica.

Además, soy speaker, me interesa divulgar la práctica del diseño y hablar sobre el rol de la mujer en la industria.

Ahora que ya me conoces, comencemos.

II. La Comunidad como concepto

¿Qué es una Comunidad?

Una comunidad es un **espacio de interacción** en el cual las personas pueden expresar su opinión y compartir experiencias. Dentro de una comunidad, los individuos tienen en común diversos elementos. Estos pueden ser socio demográficos, como por ejemplo, el territorio, la edad, el idioma, o los valores.

Una comunidad también se puede formar a partir de intereses en común, y estos son la razón por las cuales las personas deciden ser parte de la comunidad en primer lugar, y será lo que los motivará a permanecer a través del tiempo. Una comunidad **genera sentido de pertenencia** y abre un espacio para el intercambio de experiencias, recursos y opiniones entre sus miembros.

Algunos aspectos clave del concepto de comunidad:

Interconexión: Las comunidades están formadas por individuos que están interconectados de alguna manera, ya sea a través de la ubicación geográfica, intereses comunes, identidades compartidas o metas similares.
Estas conexiones pueden ser tanto físicas como virtuales en la era digital.

Interdependencia: Los miembros de una comunidad dependen unos de otros de alguna manera. Pueden depender de recursos compartidos, apoyo emocional, colaboración en proyectos, o simplemente para satisfacer sus necesidades básicas y sociales.

Identidad compartida: Las comunidades suelen tener una identidad compartida o un sentido de pertenencia que une a sus miembros. Esto puede basarse en características como la cultura, la religión, los intereses profesionales, el origen étnico o la historia compartida.

Participación activa: Las comunidades prosperan cuando sus miembros participan regularmente en actividades y contribuyen al bienestar colectivo. Esta participación puede manifestarse de muchas formas, como la asistencia a eventos, la colaboración en proyectos, el voluntariado o el apoyo mutuo en tiempos de necesidad.

Diversidad: Aunque las comunidades a menudo comparten una identidad común, también suelen ser diversas en términos de opiniones, habilidades, antecedentes y experiencias individuales. Esta diversidad puede enriquecer la comunidad al ofrecer diferentes perspectivas y habilidades.

Resiliencia: Las comunidades fuertes son capaces de enfrentar desafíos y adversidades juntas. La solidaridad y el apoyo mutuo dentro de la comunidad pueden ayudar a superar obstáculos y promover la resiliencia en tiempos difíciles.

Online vs. Offline

La naturaleza de una comunidad, ya sea en línea u offline, depende de una serie de factores que pueden influir en cómo se forman, interactúan y operan sus miembros.

Algunos de estos factores incluyen:

Acceso a la tecnología: La disponibilidad de tecnología y acceso a Internet es un factor clave en la determinación de si una comunidad será en línea u offline. Las comunidades en línea suelen formarse cuando los miembros tienen acceso a dispositivos conectados a Internet, como computadoras, teléfonos inteligentes o tabletas, lo que les permite participar en actividades y discusiones virtuales. Por otro lado, las comunidades offline pueden surgir en entornos donde el acceso a la tecnología es limitado o donde las interacciones cara a cara son preferidas.

Intereses y necesidades de los miembros: Los intereses y necesidades de los miembros pueden influir en la forma en que una comunidad se organiza. Las comunidades en línea pueden formarse en torno a intereses especializados o nichos específicos que pueden no estar fácilmente disponibles en el mundo offline. Por otro lado, las comunidades offline pueden surgir en respuesta a necesidades locales o problemas específicos que requieren una interacción cara a cara para abordar.

Ubicación geográfica: La ubicación geográfica de los miembros también puede influir en si una comunidad es en línea u offline. Las comunidades offline tienden a estar más centradas en un área geográfica específica, donde los miembros pueden interactuar de forma presencial en eventos, reuniones o actividades locales. Por el contrario, las comunidades en línea pueden reunir a miembros de diferentes partes del mundo que comparten intereses comunes, sin estar limitadas por la ubicación geográfica.

Cultura y preferencias de comunicación: Las diferencias culturales y las preferencias de comunicación de los miembros pueden influir en la forma en que una comunidad elige interactuar. Algunos grupos prefieren la comunicación e interacción en persona, lo que favorece la formación de comunidades offline. Otros pueden sentirse más cómodos con la comunicación en línea y la participación virtual, lo que lleva a la formación de comunidades en línea.

Por supuesto, una comunidad puede adoptar un carácter híbrido, de esta forma desarrolla actividades en línea, pero también fomenta el trato directo con sus integrantes.

Estas comunidades obtienen ventajas específicas de la presencialidad y la virtualidad.

Algunos ejemplos de comunidades:

Una familia

Un barrio

Un campamento

Una fundación

Una asociación religiosa

Una comunidad científica

"Existe un poder inmenso cuando un grupo de personas con intereses similares se unen para trabajar por los mismos objetivos".

Idowu Koyenikan

¿Por qué las personas vibran mejor en Comunidad?

La interacción social y el sentido de pertenencia que proporciona una comunidad satisface la necesidad básica de conexión humana, y eso se puede ver en la Pirámide de Maslow. La comunidad ofrece apoyo emocional, comprensión mutua y la oportunidad de compartir experiencias y conocimientos. ¿A quién no le gusta sentirse escuchado y apoyado?

Además, la diversidad de perspectivas y habilidades dentro de una comunidad enriquece el intercambio, **fomentando el aprendizaje continuo y el crecimiento personal**. La colaboración y el trabajo en equipo también son más efectivos en un entorno comunitario, ya que diferentes personas pueden aportar sus fortalezas como individuos para lograr objetivos compartidos.

La comunidad proporciona un contexto en el que las personas pueden empoderarse, sentirse valoradas y contribuir de manera significativa, promoviendo un mayor bienestar y satisfacción con la vida.

Pirámide de Maslow

Autorrealización — Creatividad, espontaneidad, aceptación, resolución de problemas, búsqueda de crecimiento

Necesidades de estima — Autorreconocimiento, confianza, respeto, éxito.

Necesidades sociales — Amistad, afecto, intimidad sexual.

Seguridad — Seguridad física, de empleo, de recursos, moral, familiar, de salud, de propiedad privada.

Necesidades básicas — Respirar, alimentarse, descansar

Las necesidades básicas cubiertas al pertenecer a una comunidad

III. Construyendo una Comunidad

¿Por qué tú, tu empresa o el mundo necesitan una Comunidad?

Esta es una pregunta clave que debes hacerte antes de involucrarte en el proceso de creación. Ya sea que estés pensando en crear una comunidad para tu negocio, o como individuo, tienes que preguntarte, en primer lugar, **cuál es la necesidad que te impulsa**, y tienes que poder responder a esta pregunta.

El propósito o razón de estar en la comunidad que vas a crear será lo que defina su misión y sus valores.

En las sesiones de mentoría, algunas personas, en su mayoría fundadores, me preguntan cómo construir una comunidad para sus empresas. Comienzo haciéndoles la pregunta antes mencionada, porque muchas veces asumen que una comunidad es la mejor manera de acercarse a su audiencia, y puede que ese no sea el caso.

Te cuento una anécdota. Una persona me preguntó sobre los pasos para construir una comunidad de diseñadores. El producto consistía en un sitio web y un servicio de desarrollo de plantillas. Esta persona estaba convencida de que una comunidad podría aumentar el *engagement* de sus usuarios, incluso aumentar su número. ¿Pero por qué? No sabía muy bien cómo responder a esta pregunta. Entonces le propuse redefinir su audiencia y su servicio, así que juntos llegamos a la conclusión de que no necesitaba una comunidad, sino un *talent pool*, o portfolio de talentos, en el que los diseñadores pudieran mostrar su trabajo, para atraer clientes que quisieran comprar sus plantillas.

Se dejó abierta la puerta a construir una comunidad o agregar un componente social a esa estructura, según cómo se observara el comportamiento de la audiencia. A partir de ahí se evaluaría si sería necesario generar un espacio de interacción. Sus usuarios comparten la pasión por el diseño web y esa podría ser una buena carta para jugar.

Con esta historia quiero mostrarte que debes reflexionar sobre la necesidad y el propósito. Si has podido responder a la pregunta inicial, continuemos.

Misión y Visión

Antes de darle forma a tu comunidad debes tener una idea y un propósito definido, y perdón si insisto en esto, pero es muy importante. Debes poder describir el valor que la comunidad aportaría a la sociedad o al público objetivo. Para esto ya debes tener una idea de a quién estaría dirigida la comunidad, ya sea una audiencia que ya tienes o una audiencia a la que quieres llegar, pero hablaremos del público objetivo en el siguiente capítulo.

En esta etapa, pensarás en los **valores de la comunidad que se alinean con su propósito**. Una vez que definas esos valores, piensa en la misión.
Imagínala como el combustible que te impulsa todos los días para hacer avanzar a la comunidad.

La misión

La misión, o "declaración de misión", es una declaración concisa que describe el **propósito fundamental, los objetivos principales y los valores compartidos** de una organización. Esta articula la razón de ser de la organización y proporciona orientación para sus actividades y decisiones estratégicas.

El objetivo principal de una declaración de misión es comunicar clara y directamente qué hace la organización, para quién lo hace y por qué lo hace. Esto ayuda a alinear a los miembros y otras partes interesadas en torno a los objetivos y valores compartidos de la organización.

Una declaración de misión eficaz suele ser **breve, memorable y fácil de entender**, pero también refleja la esencia de la organización y su visión a largo plazo. Es una herramienta importante para establecer una identidad distintiva y guiar el desarrollo de estrategias y acciones consistentes con los principios fundamentales de la organización.

Ejemplo de declaración de misión:
"En nuestra comunidad, trabajamos juntos para crear un ambiente donde todos se sientan valorados, seguros y capacitados para alcanzar su máximo potencial. Nuestra misión es construir vínculos fuertes, promover la diversidad y celebrar las fortalezas únicas de cada individuo, mientras trabajamos hacia un futuro más próspero y unido para todos".

La visión

Esta será una declaración que describa el estado deseado en el futuro hacia el cual deseas avanzar. Es una imagen clara y convincente de lo que la comunidad **aspira a lograr a largo plazo** y proporciona una dirección estratégica y un sentido de propósito compartido.

La visión normalmente responde a preguntas como: "¿Qué queremos lograr?" "¿Cómo queremos que sea el mundo en el futuro?" o "¿Cuál es nuestro mayor sueño o ideal?" Es una declaración inspiradora que articula los objetivos más elevados y las aspiraciones fundamentales de la comunidad y sirve como punto de referencia para guiar la toma de decisiones y la acción a largo plazo.

Una visión eficaz es **clara, específica, alcanzable, relevante y significativa** para los miembros de la comunidad. Debe ser lo suficientemente ambiciosa para inspirar y motivar, pero también práctica y realista para que sea alcanzable con esfuerzo y compromiso.

La visión **ayuda a alinear a todos los miembros de la comunidad en torno a un objetivo común** y proporciona un marco para evaluar el progreso y medir el éxito a lo largo del tiempo.

Antes de darle forma a tu comunidad debes tener una idea y un propósito definido, y perdón si insisto en esto, pero es muy importante. Debe poder describir el valor que la comunidad aportaría a la sociedad o al público objetivo.

Definiendo el perfil de los seguidores

Conocer y definir el perfil de tus seguidores es fundamental para el éxito y efectividad de cualquier iniciativa comunitaria, ya sea en redes sociales, grupos online, emprendimientos sin fines de lucro o cualquier otro tipo de comunidad.

Conocer y definir el perfil de los seguidores de una comunidad radica en su capacidad para potenciar la conexión y el compromiso de sus miembros.

En primer lugar, comprender quiénes son los seguidores de tu comunidad, permite **personalizar** el contenido y las comunicaciones, lo que aumenta significativamente la probabilidad de participación activa.

Esta personalización hace que el contenido sea más relevante y atractivo, mostrando a los seguidores que son valorados como individuos dentro de la comunidad.

Además, el conocimiento del perfil de los seguidores facilita una **interacción más efectiva**. Al comprender sus intereses, inquietudes y necesidades, se pueden generar conversaciones más auténticas y significativas, fortaleciendo la conexión entre los miembros y fomentando el sentido de pertenencia. Esta interacción genuina es esencial para construir relaciones sólidas dentro de la comunidad.

Otro beneficio clave de conocer el perfil de tus seguidores es la capacidad de **segmentar** eficazmente tu audiencia. Esta segmentación permite dirigir mensajes específicos a grupos particulares dentro de la comunidad, asegurando que cada segmento reciba información relevante y útil. Esto no sólo mejora la experiencia de los seguidores, sino que también aumenta la probabilidad de una respuesta positiva y una participación activa.

Además, **analizar** los perfiles de los seguidores puede revelar oportunidades de crecimiento para la comunidad. Identificar áreas donde la comunidad puede expandirse o diversificarse, ya sea buscando nuevos segmentos demográficos o explorando temas de interés emergentes, es esencial para su evolución y desarrollo continuos.

En última instancia, **comprender la identidad y las motivaciones** de tus seguidores es la clave para diseñar estrategias de participación efectivas. Al adaptar actividades, eventos y programas para alinearlos con los intereses y necesidades de la comunidad, puedes aumentar significativamente el compromiso y la lealtad. Esto no sólo beneficia a la comunidad a corto plazo sino que también allana el camino para un crecimiento sostenible y duradero.

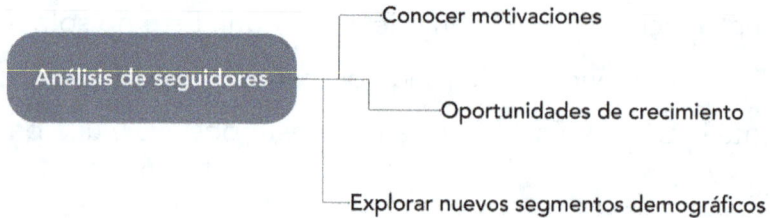

Para visualizar mejor a tu audiencia, sus características y sus necesidades, recomiendo el uso de dos herramientas. Una es muy utilizada en un producto, el conocido Value Proposition Canvas, y el otra es muy utilizada por los diseñadores de experiencia de usuario: el User Persona. A continuación, describo cómo puede utilizar estas herramientas para beneficiar a tu comunidad.

Value Proposition Canvas: liberando el potencial de tu Comunidad

Comprender y ofrecer valor a tus miembros es esencial. Aquí es donde el Value Proposition Canvas emerge como una herramienta poderosa, que ofrece un enfoque estructurado para crear propuestas de valor convincentes adaptadas a sus necesidades y deseos. Es muy útil para visualizar si existe conexión y coherencia entre lo que propones y las necesidades de los potenciales miembros.

La herramienta proporciona un marco para **identificar los beneficios y características específicos** que resuenan con más fuerza en su audiencia.

Veamos cómo aprovechar esta herramienta puede llevar sus esfuerzos de creación de comunidad a nuevas alturas:

Comprensión profunda de las necesidades de los miembros: el Value Proposition Canvas te pide que profundices en los deseos, necesidades y puntos débiles de los miembros de tu comunidad. Al empatizar con sus experiencias y desafíos, obtendrás conocimientos invaluables que sientan las bases para crear ofertas coherentes.

Claridad en la entrega de valor: construir una comunidad exitosa depende de entregar valor tangible a sus miembros. El Value Proposition Canvas, ayuda a sintetizar los beneficios y soluciones clave que ofrece tu comunidad, garantizando claridad en su mensaje. Esta claridad fomenta la confianza y el compromiso entre los miembros, impulsando la retención y la promoción a largo plazo.

Alinear los servicios con las preferencias de los miembros: Armado con un profundo conocimiento de las necesidades de los miembros, Value Proposition Canvas te permite adaptar tus ofertas para alinearse perfectamente con sus preferencias. Ya sean recursos educativos, oportunidades de networking o beneficios exclusivos, puede ajustar tus ofertas para ofrecer el máximo valor y relevancia.

Mejora e innovación iterativas: la dinámica comunitaria está en constante evolución y requiere un enfoque flexible e iterativo para la creación de valor. El Value Proposition Canvas te permite perfeccionar y mejorar continuamente tus ofertas en función de los comentarios en tiempo real y las necesidades cambiantes de los miembros. Esta agilidad garantiza que tu comunidad siga siendo vibrante y receptiva a las tendencias y preferencias cambiantes.

Diferenciación y ventaja competitiva: en un panorama saturado, la diferenciación es clave para destacar y atraer miembros a tu comunidad. Al aprovechar el lienzo de propuesta de valor para articular propuestas de valor únicas, estableces una identidad distintiva que diferencia a tu comunidad de la competencia. Esta diferenciación no sólo atrae a nuevos miembros sino que también fomenta un sentido de pertenencia y lealtad entre los existentes.

Value Proposition Canvas

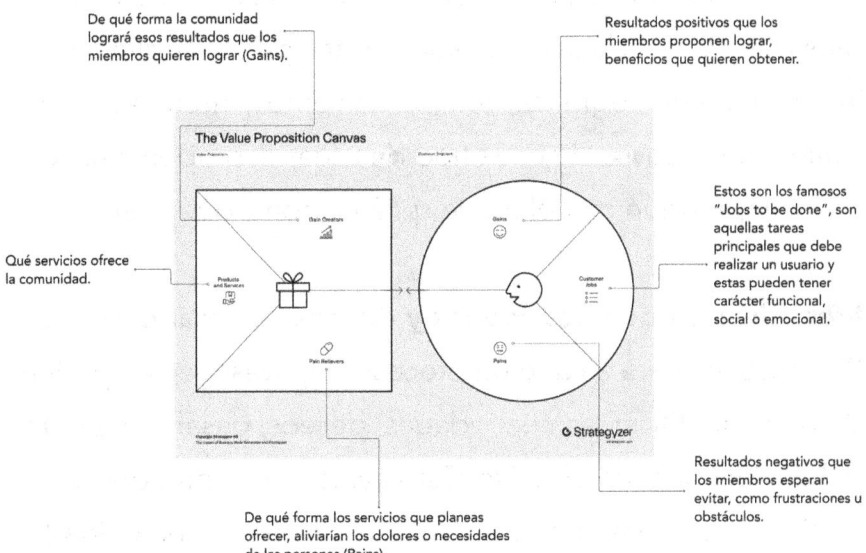

De qué forma la comunidad logrará esos resultados que los miembros quieren lograr (Gains).

Resultados positivos que los miembros proponen lograr, beneficios que quieren obtener.

Qué servicios ofrece la comunidad.

Estos son los famosos "Jobs to be done", son aquellas tareas principales que debe realizar un usuario y estas pueden tener carácter funcional, social o emocional.

De qué forma los servicios que planeas ofrecer, aliviarían los dolores o necesidades de las personas (Pains).

Resultados negativos que los miembros esperan evitar, como frustraciones u obstáculos.

Puedes refinar y mejorar continuamente tus servicios basándote en comentarios en tiempo real y en las necesidades cambiantes de los miembros.

User Persona

Esta herramienta se considera una pieza de investigación y es excepcionalmente útil a la hora de definir la audiencia de una comunidad. Aquí te explico por qué:

Creación de perfiles detallados: las User Personas te permiten crear perfiles detallados de los diferentes tipos de miembros potenciales de la comunidad. Estos perfiles incluyen información demográfica, comportamientos, intereses, necesidades y objetivos de cada tipo de usuario, proporcionando una comprensión completa de quiénes son y qué buscan.

Identificación de necesidades y deseos: al desarrollar User Personas, se lleva a cabo un proceso de investigación profundo para identificar las necesidades, deseos, desafíos y puntos débiles del público objetivo. Esto ayuda a comprender qué motiva a los miembros potenciales a unirse a la comunidad y qué tipo de valor buscan.

Centrarse en la empatía y la comprensión: las User Personas fomentan una mentalidad empática al ponerse en el lugar de diferentes segmentos de audiencia. Esta comprensión más profunda ayuda a crear una comunidad más inclusiva y receptiva a las diversas necesidades y experiencias de los miembros.

Personalización de la experiencia: con User Personas bien definidas, es posible personalizar la experiencia de los miembros en la comunidad para que se ajuste mejor a sus preferencias y necesidades individuales. Esto puede incluir la creación de contenido, eventos o funciones comunitarias específicas que respondan a cada tipo de usuario.

Guiar el desarrollo de productos y servicios: las User Personas proporcionan información valiosa que puede guiar el desarrollo de productos y servicios dentro de la comunidad. Al comprender las necesidades y deseos de los miembros, se pueden crear soluciones que aborden eficazmente sus problemas y agreguen valor real a sus vidas.

Ejemplo de un User Persona:

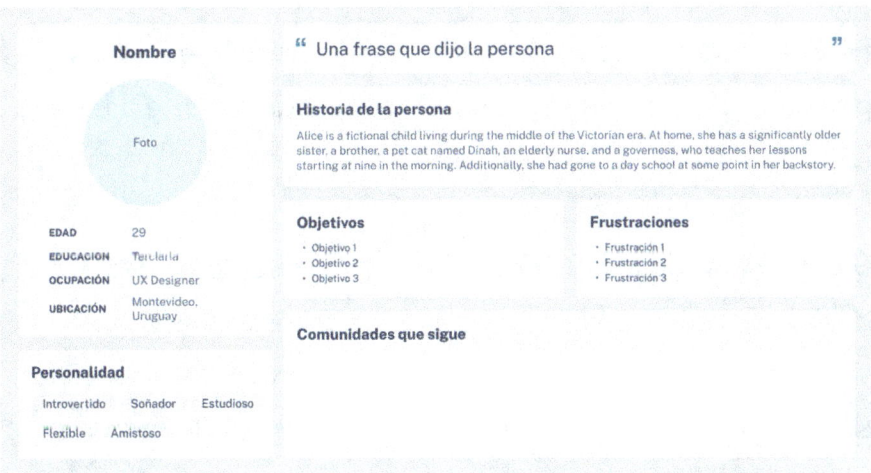

¿Qué ofrece la Comunidad a sus miembros?

Ahora piensa, ¿qué le daría la comunidad al público? ¿Por qué alguien elegiría ser parte de la comunidad? ¿Qué beneficios obtendrían? Una persona suele unirse a una comunidad influenciada por los siguientes aspectos:

- Construir relaciones
- Contribuir y ayudar de diversas maneras
- Compartir un sentido de pertenencia y una pasión
- Tener una voz

Algunos ejemplos de cómo puedes recompensar a los miembros de tu comunidad:

Reconocimiento público: Destaca a los miembros más activos, en redes sociales, eventos comunitarios o reuniones generales para reconocer sus aportes y logros frente a toda la comunidad.

Oportunidades exclusivas: Ofrece a los miembros destacados la oportunidad de participar en eventos exclusivos, sesiones de mentoría, grupos de trabajo o proyectos especiales que les brinden una experiencia única y valiosa dentro de la comunidad.

Beneficios tangibles: proporciona beneficios tangibles, como descuentos en productos o servicios, acceso a recursos premium o membresías gratuitas, como una forma de recompensar a los miembros por su lealtad y compromiso.

Agradecimiento personalizado: envía mensajes de agradecimiento personalizados o cartas de reconocimiento a miembros individuales, expresando tu gratitud por sus contribuciones específicas y el impacto positivo que han tenido en la comunidad.

Cómo involucrar a los miembros de la Comunidad

Dependiendo del tipo de comunidad que crees, puedes tomar medidas para mantener a sus miembros interesados y activos. Algunas de ellos son:

- Gamificación y recompensas
- Generar conversación
- Destacar a los miembros de la comunidad por sus acciones
- Dar una cálida bienvenida a los miembros de la comunidad
- Crear proyectos o acciones colaborativas
- Mantener informados a los miembros de la comunidad
- Explicar a qué se comprometen al ser parte

Uno de los mayores desafíos es mantener a los miembros de la comunidad **activos e interesados** mientras se reclutan nuevos miembros. También ten en cuenta que los intereses de las personas pueden cambiar con el tiempo, por lo que incluso si permanecen conectados con el propósito y los valores, genera diferentes actividades y, sobre todo, **solicita retroalimentación** a tu comunidad con regularidad para comprender su nivel de participación y poder transformar su estrategia. si necesario.

Embajadores/as

Designar embajadores/as es una forma muy agradable de involucrar a los miembros de tu comunidad. Recompensa a los miembros más apasionados, activos y contribuyentes con un rol o una insignia que los haga destacar.

Empodera a estos fieles miembros para ser protagonistas y colaborar para promover la comunidad y transmitir su mensaje.

Mantener la lealtad de los miembros

Aquí describo algunas formas en las que se puede manifestar la lealtad a una comunidad:

Participación activa: Una persona leal a una comunidad participa activamente en sus actividades, eventos y proyectos. Está dispuesta a aportar su tiempo, energía y recursos para el beneficio colectivo.

Apoyo mutuo: La lealtad a una comunidad implica apoyar y apoyar a otros miembros en momentos de necesidad. Esto puede incluir ofrecer ayuda práctica, brindar apoyo emocional o defender los intereses de la comunidad cuando sea necesario.

Promoción y defensa: Las personas leales a una comunidad actúan como defensoras y promotoras de sus valores y causas. Están dispuestas a hablar en nombre de la comunidad, defender sus intereses y promover su visión entre los demás.

Identificación y pertenencia: La lealtad a una comunidad se refleja en un profundo sentido de identificación y pertenencia. Las personas se sienten parte integral de la comunidad y están orgullosas de ser parte de ella.

Respeto y compromiso: Las personas leales muestran un profundo respeto por los demás miembros de la comunidad, así como por sus normas y valores. Están comprometidos con el bienestar y el éxito continuo de la comunidad.

Perseverancia: Incluso en tiempos difíciles, las personas leales a una comunidad se mantienen firmes en su compromiso y no abandonan fácilmente sus vínculos con ella.

Incorporación de nuevos miembros: Onboarding

El "Onboarding" en una comunidad se refiere al proceso de **incorporar nuevos miembros de una manera efectiva y acogedora**. De manera similar al término utilizado en el lugar de trabajo para referirse a la integración de nuevos empleados, la "incorporación" en una comunidad implica brindar a los nuevos miembros la información, los recursos y la orientación necesarios para que se sientan bienvenidos, comprendidos y capacitados para participar activamente.
Durante este proceso, es importante brindar a los nuevos miembros una comprensión completa de la comunidad. Esto incluye explicar su propósito, valores, estándares de conducta, estructura organizacional y los recursos disponibles para ellos, como foros, grupos de chat y documentos compartidos.

Además, los nuevos miembros deben familiarizarse con las herramientas y plataformas de la comunidad. Por lo tanto, se les debe ofrecer orientación sobre cómo utilizar estas herramientas de manera efectiva.
También es beneficioso presentar a miembros clave de la comunidad, como líderes, moderadores o mentores, que puedan ofrecer orientación y apoyo adicionales.
Es importante establecer expectativas claras para los nuevos miembros con respecto a su participación, contribución y comportamiento, así como informarles sobre lo que pueden

esperar a cambio.

Por último, el seguimiento regular y el apoyo continuo son esenciales para garantizar que los nuevos miembros se incorporen correctamente y para abordar cualquier pregunta o inquietud que puedan tener durante el proceso de incorporación.

Una herramienta poderosa: **Onboarding Journey Map**
Es una representación visual de la experiencia de una persona con una organización durante la incorporación. El mapa describirá momentos importantes, puntos de interacción con la persona, emociones y puntos débiles durante el recorrido.

Es un artefacto que puedes generar al principio y que puedes mejorar a medida que se vayan incorporando usuarios. Aprenderás sobre su comportamiento y experiencia durante el viaje de incorporación. Asegúrate de tomar como referencia a tu público objetivo y de que el recorrido tenga en cuenta todos los puntos de contacto importantes, como:

- Entradas desde un sitio web o redes sociales
- Formularios de suscripción o registro
- Correos electrónicos de bienvenida
- Invitaciones flojas
- Tours de productos
- Otros

Ejemplo de Onboarding Journey Map:

El equipo detrás (y delante) de la Comunidad

Muchas veces, la idea surge de una persona, pero créeme, necesitarás ayuda para mantener una comunidad. Parece una tarea sencilla, pero debes tener control sobre varias cosas al mismo tiempo, desde incorporar nuevos miembros y responder mensajes en redes sociales hasta tareas más administrativas.

Te recomiendo que te asocies con personas que compartan los valores que quieres transmitir en tu comunidad, personas **comprometidas** y que les guste el trabajo en equipo. Muchas veces las decisiones se deben tomar en equipo, por eso también te aconsejo armar una estructura organizacional que establezca responsables de diferentes verticales o tareas de trabajo. Esto ayudará a acelerar la toma de decisiones y dirigir las responsabilidades.

Algunas de las áreas sobre las cuales debes tener control:

- Branding
- Onboarding de nuevos usuarios
- Reponder mensajes
- Baja de miembros
- Gestión de alianzas
- Coordinación de tareas con el equipo
- Monitoreo de métricas

Asociarse con un equipo al construir una comunidad es esencial por varias razones:

Distribución de tareas: crear y gestionar una comunidad puede resultar abrumador para una sola persona. Al asociarse con un equipo, las responsabilidades se pueden distribuir de manera más efectiva, lo que permite abordar una variedad de tareas, desde la planificación de eventos hasta la comunicación con los miembros.

Diversidad de habilidades y perspectivas: un equipo diverso trae consigo una amplia gama de habilidades, experiencias y perspectivas. Esto enriquece el proceso de toma de decisiones y la creatividad en la comunidad, ya que diferentes personas pueden aportar ideas únicas y soluciones innovadoras a los desafíos que enfrenta la comunidad.

Apoyo emocional y motivación: trabajar en equipo proporciona un sistema de apoyo emocional y motivación mutua. Cuando los miembros del equipo comparten una visión común y se apoyan mutuamente, es más probable que sigan comprometidos y entusiasmados con el tiempo, incluso cuando surjan dificultades.

Mayor alcance y conexión: al asociarse con un equipo, la comunidad puede llegar a más personas y establecer conexiones más sólidas con una variedad de individuos y grupos.

Cada miembro del equipo puede tener una red de contactos que pueden contribuir al crecimiento y diversidad de la comunidad.

Representación y legitimidad: un equipo bien estructurado puede proporcionar una representación más completa y legítima de la comunidad en su conjunto. Esto puede ser especialmente importante al interactuar con entidades externas, como organizaciones gubernamentales, empresas locales o medios de comunicación.

Identificar stakeholders

Un stakeholder es cualquier parte interesada y afectada por las acciones, decisiones y circunstancias de una empresa; también se les llama "Partes interesadas". Para una empresa, por ejemplo, sus partes interesadas podrían ser sus clientes, empleados, accionistas, proveedores, competidores, comunidades y el gobierno.

Es fundamental tener claro quiénes son las partes interesadas en tu comunidad, y para eso existe una herramienta sumamente útil para mapear a estos actores: el Mapa de Stakeholders. Los interesados pueden ser:

- Interno
- Externo
- Primario
- Secundario
- Directo
- Indirecto

¿Es útil hacer alianzas con otras comunidades?
¡Por supuesto! Es muy beneficioso. Sucede mucho en comunidades tecnológicas, por ejemplo, donde se genera una red colaborativa que crea sinergia, ya sea para compartir contenidos o colaborar en actividades. Colaborar con comunida-

des similares es enriquecedor, ya que puede hacer crecer tu audiencia y puedes ampliar horizontes y posibilidades. Estas comunidades aliadas también están dentro del grupo de partes interesadas.

Una forma de visualizar estos grupos de interés es crear un Mapa de Stakeholders. Esta es una herramienta invaluable para las comunidades por varias razones:

Identificación de stakeholders clave: el Mapa de Stakeholders permite identificar todos los stakeholders relevantes para la comunidad, tanto internos como externos. Esto incluye miembros de la comunidad, líderes locales, organizaciones sin fines de lucro, empresas locales, instituciones educativas, funcionarios gubernamentales y otros grupos que puedan tener interés en temas comunitarios.

Comprender las necesidades y expectativas: al mapear a las partes interesadas, la comunidad puede comprender mejor sus necesidades, expectativas, intereses y preocupaciones. Esto proporciona información valiosa para diseñar programas, proyectos y actividades que sean relevantes y significativos para las partes interesadas.

Comunicación y colaboración mejoradas: con un mapa de partes interesadas claro, la comunidad puede desarrollar estrategias de comunicación y colaboración más efectivas. Esto puede implicar la creación de canales de comunicación específicos, la organización de reuniones periódicas con partes interesadas clave o la colaboración en proyectos conjuntos para abordar problemas comunes.

Gestión de relaciones: facilita la gestión de relaciones con diferentes partes interesadas al proporcionar una descripción general de quiénes son, cuáles son sus intereses y cómo pueden influir en la comunidad. Esto permite priorizar esfuerzos y recursos para mantener relaciones positivas y constructivas con quienes tienen un impacto significativo.

Apoyo a la toma de decisiones: al comprender mejor las perspectivas y necesidades de las partes interesadas clave, el Mapa de partes interesadas puede guiar la toma de decisiones de la comunidad. Esto ayuda a garantizar que las decisiones sean inclusivas y transparentes, y considera los impactos potenciales en todas las partes interesadas involucradas.

Mapa de stakeholders

"La comunidad es mucho más que pertenecer a algo; Se trata de hacer algo juntos que haga que la pertenencia importe".

Brian Solis

Identificar la plataforma adecuada

A la hora de elegir la plataforma para tu comunidad, es fundamental considerar varios aspectos para garantizar que satisfaga nuestras necesidades y las de nuestros miembros. Primero, debemos comprender profundamente lo que nuestra comunidad busca en términos de interacción y funcionalidad. Se trata de determinar si necesitamos funciones como chat en tiempo real, foros de discusión o la posibilidad de compartir contenidos multimedia, entre otras.

Además, es fundamental evaluar la **accesibilidad y usabilidad** de la plataforma. Necesitamos asegurarnos de que sea fácil de usar para todos los miembros, independientemente de su nivel de habilidad técnica, y que ofrezca una experiencia de usuario perfecta en dispositivos móviles y de escritorio.

Otro aspecto crucial es la **seguridad y privacidad** de la plataforma. Para proteger la información de nuestros miembros, debemos buscar una plataforma que ofrezca medidas de seguridad sólidas, como cifrado de datos y opciones de privacidad configurables.

También es importante tener en cuenta los **costos** asociados con la plataforma. Evaluar si el coste se ajusta a nuestro presupuesto y si la plataforma ofrece una buena relación calidad-precio. Algunas plataformas son gratuitas, mientras que otras requieren una suscripción con funciones premium adicionales.

Además, debemos investigar la **escalabilidad** de la plataforma. A medida que nuestra comunidad crece, debemos asegurarnos de que la plataforma pueda manejar un aumento en el tráfico y los usuarios sin comprometer el rendimiento. Explorar opciones de **personalización** también puede resultar beneficioso. Algunas plataformas ofrecen opciones para adaptar la apariencia y la funcionalidad a nuestras necesidades específicas, lo que puede ayudar a crear una experiencia única para nuestros miembros.

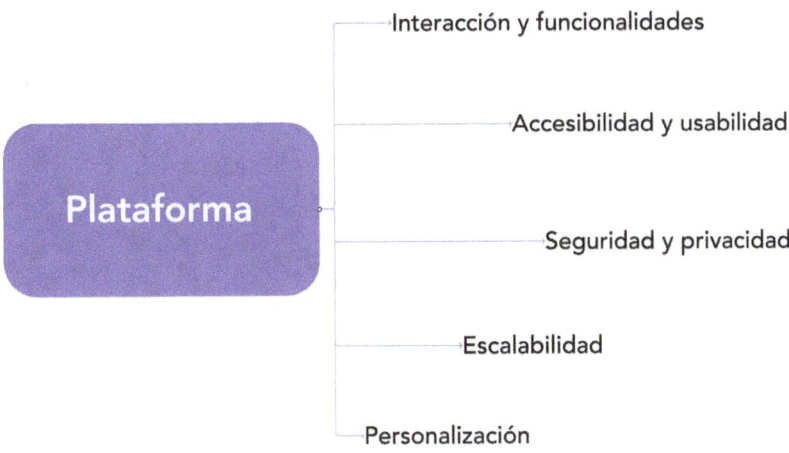

IV. El Futuro

La planificación es clave

La planificación es algo que ordenará tu comunidad y tu mente. Planificarás actividades para la semana, para el mes y también planificarás para el futuro a largo plazo. Antes mencioné el concepto de visión, esa será tu estrella del norte para seguir adelante. Tu comunidad debe identificarse con ese norte, mientras esté activa, y si por alguna razón imaginas un futuro diferente, está bien, y la visión cambiará.

Cualquiera sea el caso, ten siempre presente mirar hacia el futuro y crecer hacia ese lugar y ese ideal que la comunidad quiere alcanzar. Una comunidad puede planificar en diferentes periodos:

- Semanalmente
- Mensual
- Trimestral
- Anual
- Semestral
- + 2 años

Es saludable para una comunidad que su equipo se conecte regularmente, no sólo para mantenerse alineado en las tareas sino para verificar el nivel de compromiso de cada miembro del equipo y si las personas permanecen alineadas con el propósito. Por ejemplo, una o dos veces al año puedes hacer un ejercicio retrospectivo y una reunión de alineación del equipo, pero la cadencia la definirá cada equipo. Establecer hitos con el equipo es una forma de crecer y medir el crecimiento.

Algunas herramientas útiles para organizarse:

Kanban

Herramienta ágil de gestión de proyectos diseñada para visualizar el trabajo, limitar el trabajo en progreso y maximizar la eficiencia.

Roadmap

Representación visual de objetivos e hitos clave en el desarrollo de un proyecto, que ayuda a guiar el proceso y comunicar la dirección estratégica a todas las partes interesadas.

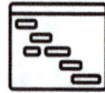

Diagrama de Gantt

Herramienta gráfica cuyo objetivo es mostrar el tiempo de dedicación esperado para diferentes tareas o actividades sobre un tiempo total determinado.

Matriz de decisión

Ayuda a identificar opciones y comparar las alternativas, y tomar decisiones basadas en la evaluación de criterios.

Mapas mentales

Es un organizador gráfico, donde en el centro se define la idea principal, y de allí surgen ramas de otras ideas.

Mapa de Stakeholders

Esta herramienta, aunque no es una planificación en sí misma, es muy útil. Describe a todas las personas que pueden verse afectadas o impactar a tu comunidad.

¿Cómo se mantiene una Comunidad? ¿Se "termina" en algún momento?

La comunidad existirá, mientras exista la voluntad tanto de sus líderes como de sus miembros de seguir siendo parte, y mientras siga existiendo una razón para su existencia.
Una comunidad necesita mantenerse activa para sobrevivir y crecer. Este aspecto va de la mano con la búsqueda de retroalimentación y la planificación. Planifica actividades a corto y medio plazo para estar un paso por delante y poder centrarte en el valor que sigues aportando a las personas.

> A las personas les gusta pertenecer a un lugar que las inspira y las empodera, así que mientras su comunidad lo ofrezca, estarán seguras, pero eso no es todo.

¡No pierdas de vista los datos!
Analizar métricas de participación y comportamiento. ¿Qué iniciativas prefiere la comunidad? ¿Qué contenido genera más intercambio? Tener esta información le permitirá **perfeccionar la estrategia para centrarse en lo que funciona.**

Considera que la comunidad puede dejar de existir en algún momento, o que puedes traspasarla o incluso venderla. Una comunidad establecida y exitosa es un activo muy valioso y es común que con el paso de los años sus líderes cambien o la comunidad se convierta en algo nuevo. Además, acepta que es posible que una comunidad deba llegar a su fin, así que diseña un "plan de salida" para sus miembros y comunícate en los canales relevantes. Intenta siempre innovar y nunca perder la autenticidad.

"La grandeza de una comunidad se mide con mayor precisión por la acciones compasivas de sus miembros".

Coretta Scott king

Métricas para medir el crecimiento de una Comunidad

Número de miembros activos: supervisa el número de miembros que participan regularmente en la comunidad, ya sea contribuyendo con publicaciones, comentarios o participando en eventos y actividades.

Tasa de retención de miembros: calcula el porcentaje de miembros que continúan participando en la comunidad durante un período determinado, lo que indica retención y compromiso a largo plazo.

Nuevos miembros: realiza un seguimiento del número de nuevos miembros que se unen a la comunidad en un período determinado, indicando el crecimiento y la atracción de nuevos participantes.

Participación en eventos y actividades: evalua la participación en eventos y actividades comunitarias, como reuniones, talleres, seminarios web o eventos sociales, para medir el interés y la participación activa.

Interacciones y participación en línea: analiza las interacciones en línea, como publicaciones, comentarios, me gusta y recursos compartidos en foros o plataformas de redes sociales, para medir la participación y el compromiso en línea.

Comentarios y satisfacción de los miembros: recopila comentarios periódicamente a través de encuestas o entrevistas para evaluar la satisfacción de los miembros y recopilar ideas para mejorar la comunidad.

Impacto y resultados: evalúa el impacto de la comunidad en los miembros, como el desarrollo profesional, las conexiones realizadas, los proyectos colaborativos o cualquier otro resultado medible.

Alcance y visibilidad: analiza métricas como el alcance de las publicaciones, el número de seguidores o la visibilidad en los motores de búsqueda para evaluar la visibilidad y la difusión de la comunidad.

Al monitorear y analizar estas métricas con regularidad, podrás comprender mejor el desempeño de la comunidad, identificar áreas de mejora y tomar medidas para impulsar el crecimiento y la participación continua de los miembros.

V. Caso de estudio: Mujeres IT

Mujeres IT

Les dije al comienzo de este libro que soy la fundadora de Mujeres IT. Una comunidad que cumplió 6 años de existencia en 2023 y que actualmente reúne a más de 1.000 mujeres en tecnología en América Latina y el mundo. Te contaré cómo nació y ha logrado despegar y mantenerse esta comunidad con un número creciente de miembros y seguidores.

Como estudiante de tecnología observé la baja proporción de mujeres en el rubro desde temprana edad, y pude observarlo aún más cuando comencé a trabajar en empresas de tecnología. Me preguntaba por qué había tan pocas mujeres en el campo; Quería conocerlas y reunirlas. De esta inquietud surgió la idea y el concepto de Mujeres IT: un espacio que reúne a las mujeres en tech y visibiliza su talento.
Así que me puse a trabajar. Con mis recursos comencé a construir un blog, un directorio web con perfiles de mujeres que trabajaban en la industria.

Fui la encargada de generar comunicación y difusión del proyecto entre mis contactos y me sorprendió el gran interés de las mujeres en participar. Había probado mi hipótesis, el mundo necesitaba un lugar como este.

Al cabo de unos meses ya éramos unas 300 mujeres en ese blog, al que luego llamamos "Directorio", y pensé que era momento de parar y plantearme cómo llevar adelante el proyecto de forma sostenible y escalable ya que su crecimiento era evidente.

En un evento de networking conocí a quien hoy es una de las líderes, Victoria Pérez. En ese momento le hablé del proyecto. Ella inmediatamente quiso participar y colaborar en la organización, así que ya éramos dos en el equipo y se dividieron los esfuerzos.

Luego se sumó la tercer líder, se sumaron más voluntarias que creían en nuestra misión y la comunidad empezó a crecer, pero también las responsabilidades.

Hasta el día de hoy, el vínculo más fuerte que nos une como equipo organizador y como comunidad es nuestra pasión por nuestra misión: querer construir una red de mujeres en tecnología que nos sostenga y nos empodere.

La comunidad se expandió hacia el mundo

Las mujeres queremos ocupar espacios en el mundo tecnológico porque sostenemos que hay brecha de género en el área y que la falta de diversidad en la tecnología tiene graves consecuencias para toda la sociedad.

Nos hemos fijado metas que significan crecimiento para la comunidad.

La historia de Mujeres IT en hitos:

- Cuando cumplimos un año, realizamos una reunión presencial en la que conocimos cara a cara a nuestra comunidad
- Estrenamos la web oficial de Mujeres IT
- Lanzamos nuestro primer programa de mentoría
- Creamos el Slack oficial de Mujeres IT
- Llegamos a los 4000 seguidores en Instagram
- El Directorio alcanza sus primeros 1.000 miembros
- Realizamos MITConf, nuestra primera conferencia online de tecnología y género

Establecer hitos nos ayuda a medir el éxito de nuestra comunidad y visualizar metas futuras.

Estrategia de comunicación, nuestro tono de voz

El equipo siempre estuvo alineado con que nuestro tono de voz fuera informal y cercano. Queríamos ser una comunidad amigable para que quien forme parte de ella pueda encontrar una mujer con quien hablar cara a cara, y sin intermediarios. Las fundadoras también ofrecen contacto directo con miembros de la comunidad. Este es uno de nuestros diferenciadores, y a día de hoy sigue siendo algo que nuestras seguidoras valoran, la inmediatez en la comunicación.

Canales y plataformas de comunicación

Definimos que nos comunicaríamos principalmente a través del microblogging en Instagram, formato que nos gusta por su inmediatez con la audiencia. También elegimos Slack como medio exclusivo de interacción con las integrantes del Directorio. Este medio nos permite segmentar a los miembros para generar comunicaciones mejor dirigidas y conversaciones en contexto, además de permitir el intercambio de material digital.

Para nuestro perfil más formal, decidimos alojar comunicaciones para organizaciones en LinkedIn.
Contamos con un tercer canal de comunicación que es el Newsletter, y es exclusivo para las mujeres que forman parte del Directorio Mujeres TI.

¿Qué valor ofrece Mujeres IT a sus seguidoras?

Quien se suma a la comunidad tiene beneficios. Además de ser parte de una enorme red de mujeres, pueden conectarse con oportunidades y potencialmente desarrollar sus habilidades profesionales, se les brinda acceso a Slack, reciben un Newsletter con información exclusiva y tienen acceso a beneficios especialmente creados para Mujeres IT.

Las mujeres de la comunidad también pueden ser protagonistas, contar sus historias y experiencias al mundo o hablar en eventos tecnológicos.

¿Qué valor aportan a la comunidad?

Esto es algo en lo que hemos trabajado mucho, cómo comunicar el compromiso asumido por quienes conformamos la comunidad. Porque es natural suponer que hay que hacer una aportación económica, o que hay que compensarla de alguna manera. Seguimos trabajando con el equipo sobre cómo informar a la comunidad y ser lo más transparentes posible. Lo que pedimos a cambio al unirnos a Mujeres IT es que cada mujer pueda comprometerse a ayudar a otra.

Los datos son un activo muy valioso para Mujeres IT. Gracias a los datos que los miembros proporcionan en el momento del registro, podemos mapear la realidad de las mujeres en TI, tanto en términos demográficos como en términos de roles desempeñados en la industria.

Mirando hacia el futuro

Tenemos seis años y la comunidad ha alcanzado su nivel de madurez. Es hora de repensarnos a nosotras mismas. Luego de seis años de crecimiento sostenido y con una lista de hitos cumplidos, tuvimos que repensar nuestro compromiso con la causa por la que existimos y el compromiso de cada una de quienes formamos parte de un equipo de voluntariado.
Crear vínculos estrechos entre los miembros del equipo es vital para hablar honestamente sobre nuestro compromiso. En Mujeres IT trabajamos juntas, pero también somos amigas, y esa cercanía que proponemos por dentro, también la reflejamos por fuera.

Mujeres IT quiere seguir funcionando, y transformándose, pero nunca perdiendo de vista sus objetivos y siempre conectando y vibrando a través de ese vínculo, que es nuestra misión.

VI. Checklist

Una lista de referencia para crear tu comunidad

Checklist

☐ **Reflexiona sobre el propósito de tu comunidad en el mundo.**
Analiza bien el momento presente, el contexto y el futuro.

☐ **Define la misión**
Debe ser breve, memorable y fácil de entender, pero al mismo tiempo debe reflejar la esencia de la organización y su visión de largo plazo.

☐ **Define la visión**
Una visión eficaz debe ser clara, específica, alcanzable, relevante y significativa, y describir el estado deseado en el futuro.

☐ **Define el perfil de los seguidores/as**
Canvas de propuesta de valor y User Persona.

☐ **Piensa en lo que la comunidad ofrece a sus miembros.**
¿Por qué alguien elegiría ser parte de la comunidad? ¿Qué beneficios obtendrías?

☐ **Piensa en cómo involucrar a los miembros de la comunidad.**
Qué métodos y estrategias utilizaré para mantener activos a los miembros.

☐ **Diseño de onboarding**
Onboarding Journey Map

☐ **Construye un equipo**
Integrar personas que tengan los mismos intereses y que disfruten del trabajo en equipo.

☐ **Identifica stakeholders**
Stakeholder Map

☐ **Define un proceso de planificación**
Considere qué herramientas son adecuadas para su equipo.

VII. Planner de tu Comunidad
Registra la creación de tu comunidad

Nombre de la comunidad:

....

Este es el propósito de mi comunidad en el mundo. Hago un análisis del momento presente, del contexto y del futuro:

....

Esta es la misión de mi comunidad
Recuerda: debe ser breve, memorable y fácil de entender, pero al mismo tiempo debe reflejar la esencia de la organización y su visión de largo plazo.

Esta es la visión de mi comunidad:
Recuerda: una visión eficaz debe ser clara, específica, alcanzable, relevante y significativa, y describir el estado deseado en el futuro.

Este es el perfil de la audiencia:
Describe las necesidades, deseos y motivaciones de tu audiencia..

CREANDO UNA COMUNIDAD

Esto es lo que la comunidad ofrece a sus miembros:
¿Por qué alguien elegiría ser parte de la comunidad?

Persona 1

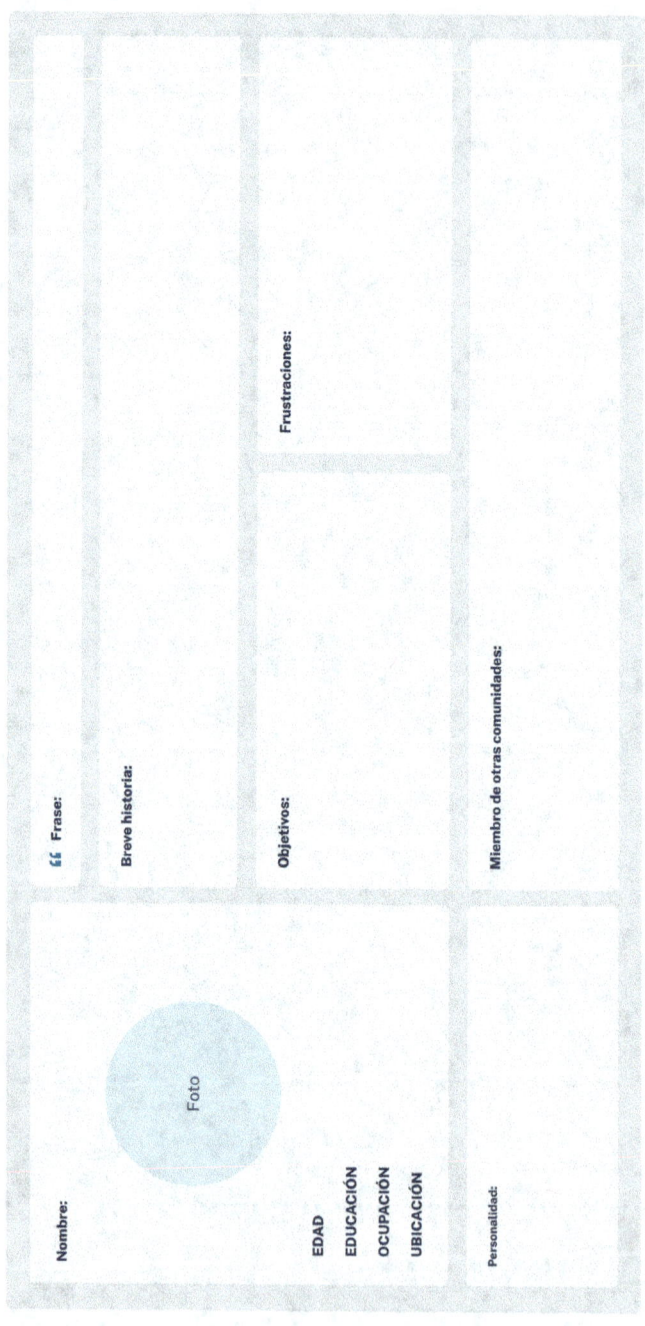

Persona 2

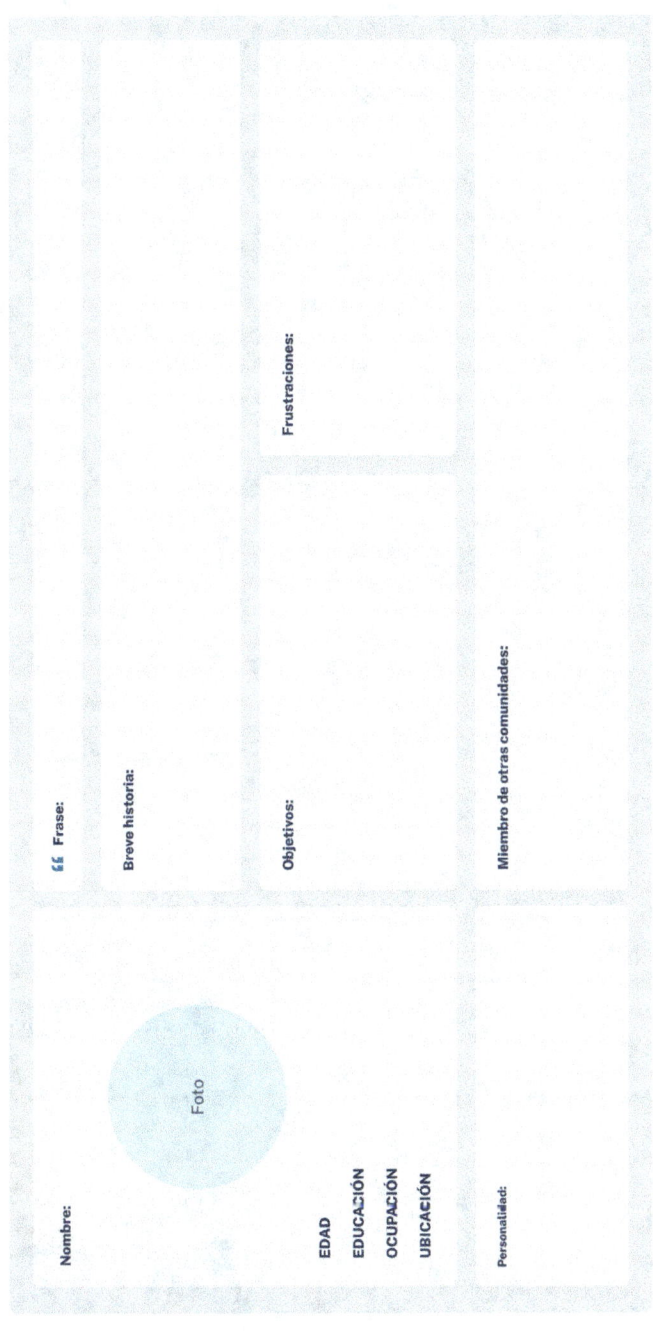

CREANDO UNA COMUNIDAD

Así es como involucraré a los miembros de la comunidad:
¿Qué métodos y estrategias utilizaré para mantener activos a los miembros?

CREANDO UNA COMUNIDAD

Mapa de Stakeholders:

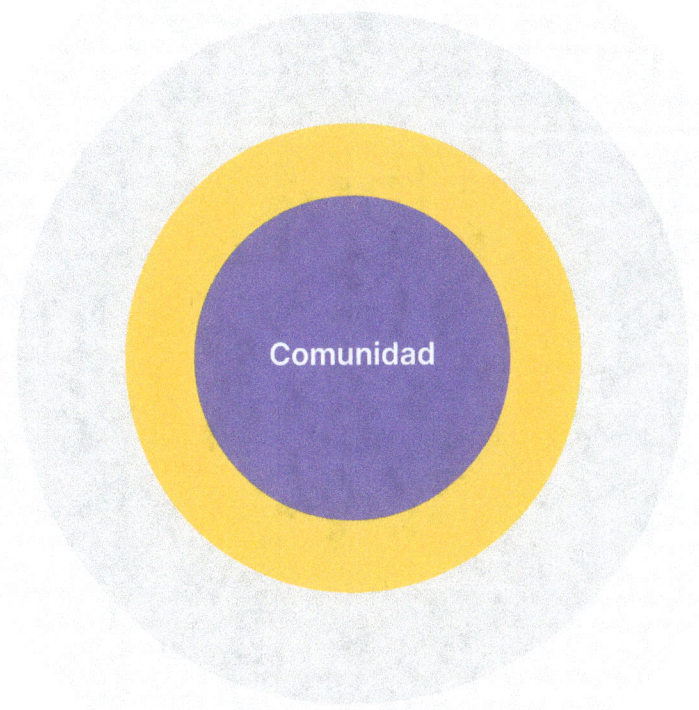

Onboarding Journey Map:

Mi proceso para planificar el futuro:

Herramientas:

Ceremonias:

Caja de ideas a largo plazo:

Caja de ideas a largo plazo:

Creditos

Ilustraciones:
www.freepik.es
https://www.freepik.es/autor/pikisuperstar

Value Proposition Canvas, template oficial
https://www.strategyzer.com/library/the-value-proposition-canvas

Template de User Persona:
https://www.figma.com/file/eeA4h0U0ViSre9nUJA1iS9/User-Persona-%26-Empathy-Map-(Community)?type=design&node-id=0-1&mode=-design&t=jugTmAAuPwqTBO9Z-0

© 2024 Lucia Bustamante
Todos los derechos reservados.

www.luciabustamante.com

www.ingramcontent.com/pod-product-compliance
Lightning Source LLC
Chambersburg PA
CBHW052330220526
45472CB00001B/360